Para el bebé:

Matthew

Matthew

Mi bebé y Winnie the Pooh

Cuentos y canciones para el bebé

Ediciones Gaviota

Basado en las historias de Pooh escritas por A. A. Milne
(copyright The Pooh Properties Trust).

2003 Ediciones Gaviota, S. L.
Manuel Tovar, 8
28034 Madrid (España)
ISBN: 84-392-1150-3
Depósito legal: LE. 26-2003

Printed in Spain - Impreso en España
Editorial Evergráficas, S. L.
Carretera León - La Coruña, km 5
LEÓN (España)

Índice

Prólogo

Queridos padres y cuidadores:

Nunca es demasiado pronto para comenzar a leer con vuestros niños. Y en Disney pensamos que nunca es demasiado pronto para que vuestro hijo o hija conozca al entrañable Pooh y a sus amigos Tigger, Ígor, Piglet, Conejo, Kangu, Búho y Rito. Todos aparecen en Mi bebé y Winnie the Pooh. *Una maravillosa antología llena de rimas, cuentos y actividades que tu hijo y tú podréis disfrutar una y otra vez, con diferentes edades, en diferentes etapas.*

Comenzaremos por los bebés, desde que nacen hasta los tres meses de edad. Los ritmos y rimas de este libro son agradables de escuchar y tienen una extensión perfecta para los oídos de los más pequeños. Puedes leérselos a tu hijo mientras le abrazas. Él disfrutará con los sonidos, formas y ritmos. A medida que crezca, aprenderá a imitar esos sonidos y copiar los movimientos —señalar diferentes partes del cuerpo, saltar y dar palmas—. Estos juegos mantienen al niño atento y le ayudan a desarrollar la coordinación de la vista y las manos, además de otras pequeñas habilidades motrices. Y además, ¡son divertidos!

Una actividad que puedes disfrutar con tu bebé, entre los seis y los nueve meses, consiste en contemplar las ilustraciones y pasar las páginas juntos. Puede que al principio tu hijo sólo vea colores y formas, pero más tarde reconocerá lo que sucede en la ilustración y será capaz de señalar determinados objetos si se lo pides. Entonces el contenido del libro comienza a cobrar un poco más de significado.

Tu bebé, de uno a tres años, disfrutará releyendo estos versos, y lleno de confianza te demostrará todo lo que recuerda. Tu bebé también disfrutará al comentar las ilustraciones donde Pooh arrulla a Piglet, los amigos se bañan y Tigger salta sobre la cama. Tu hijo, sin duda, se identificará con estas rutinas y comportamientos a la hora de acostarse. ¡Son tan universales! Y, desde luego, pueden servir para iniciar una conversación: «¿Tú te pones un gorro de dormir cuando te acuestas?», «¿cuál es tu pijama favorito?», «¿con qué juegas en la bañera?», «¿qué cuento quieres que leamos esta noche?»

La sección «Busca a tus amigos», en esta antología, puede ayudar a tu hijo a desarrollar su agudeza visual. Pide al niño que señale a Búho, tanto en la página de la izquierda como en la de la derecha. ¿Dónde está? ¿Dónde está Kangu? Si tu hijo ha cumplido los tres años, puede que esté preparado para aprender algunas palabras. Prueba a señalar, por ejemplo, el dibujo de Pooh y haz que tu hijo «lea» el nombre, escrito debajo del personaje.

Tras disfrutar de unas bonitas canciones podréis recitar (o cantar) juntos el abecedario.

Otras ocasiones servirán para explorar más conceptos básicos. Os sugerimos dedicar un día a leer y hablar de los números; otro a los colores, las formas y los opuestos. Con la edad, a medida que crece su grado de atención, tu hijo disfrutará al escuchar cómo lees en voz alta las historias de Pooh y sus aventuras en busca de miel.

A cualquier edad y en cualquier etapa, Mi bebé y Winnie the Pooh *tiene material suficiente para muchas horas, días, semanas y años de agradable lectura para compartir. Esperamos que juntos paséis buenos ratos.*

Atentamente,

Los Editores

Rimas para mi bebé

¡A la buena ventura, si Dios te la da. Si te pica la mosca, ¡ráscatela!

Para hacer cosquillas al bebé

Para aprender los dedos de la mano.
Tomando los dedos de uno en uno, se va diciendo:

Éste compró un huevito.

Éste lo puso a asar.

Éste le echó la sal.

Éste lo peló.

Y éste pícaro,

gordo, gordito, se lo comió todo todito.

Para mover los dedos

Cinco lobitos
tenía la loba.
Cinco lobitos
detrás de una escoba.
Cinco tenía,
y a cinco crió.
Y a todos los cinco
tetita les dio.

Para enseñar a dar palmadas.
Dando palmadas como quien hace tortas, se canta:

Tortillitas de manteca

pa'mamá, que está contenta.

Tortillitas de salvado

pa'papá, que está enojado.

Mariposa

Vestida de rosa.

A la luz del candil

¿Está mi mariposa ahí?

Con el niño sobre las rodillas, lo inclinamos hacia atrás y hacia delante imitando el vaivén de una sierra, mientras cantamos:

Aserrín, aserrán,

Maderitas de San Juan,
Las del rey sierran bien,
Las de la reina también,
Las del duque, truque-truque,
Piden queso, piden pan,
Aserrín, aserrán.

Arre, caballito,

Vamos a Belén,
Que mañana es fiesta
Y al otro también.
Arre, caballito,
Vamos a la feria,
No me tires coces
Que me caigo en tierra.
Arre, caballito,
Que llegamos tarde.
Arre, caballito,
Vamos a Belén,
A buscar la Virgen
Y el Niño también.

Pajarillo que cantas
En un almendro,
No despiertes al niño,
Que está durmiendo.

Shh . . .

Mi niño pequeño
No puede dormir:
Le cantan los gallos
El quiquiriquí.

Con el niño sentado sobre las rodillas,
acelerando cada vez más el salto de acuerdo con la letra:

Al paaa… so,
Al paaa… so.
Al trote, al trote.
¡Al galope,
al galope,
al galope!

Las campanas de Montalbán
Unas **vienen** y otras **van.**
Las que no tienen badajo
Van abajo,
abajo,
abajo.

Palmas, palmitas,
higos y castañitas,
naranjitas y limón
para mi niño/a son.

Se pellizca suavemente al niño, señalando diferentes partes del cuerpo

Cuando vayas a comprar carne,
que no te corten de aquí;
ni de aquí, ni de aquí, ni de aquí.
Pide solamente de aquí,
Tiqui, tiqui, tiquitín.
(Haciendo cosquillas al niño.)

Vámonos a la cama,
Vámonos a dormir,
Tú llevarás la manta,
Yo llevaré el candil.

Pooh
y el árbol
de la miel

Winnie the Pooh tenía una barriga grande
y redonda.
Una barriga que siempre estaba un poco hambrienta.

¡Siempre quería comer miel!

–¡Horror! –exclamó Pooh, al ver su tarro de miel. Estaba vacío.

Entonces, Pooh oyó un sonido.

¡ZZZ! ¡ZZZ! ¡ZZZ!

Una cosa pequeña y peluda pasó volando junto a su oreja.

¡ZZZ! ¡ZZZ! ¡ZZZ!

–¡Oh! –dijo Pooh–. ¡Una abeja!

Pooh siguió a la abeja.
¡Pronto llegaron
a un árbol de miel!

Arriba.
Arriba.
Pooh subió al árbol. Arriba.

Entonces, ¡CROC! Se rompió una rama.
Pooh cayó del árbol.
Abajo.
Abajo.
Abajo.

A Pooh le dolía la cabeza.

Pooh necesitaba ayuda.

Fue a casa de
Christopher Robin.
Vio que su amigo
tenía un globo muy
grande y azul.

–¿Me prestas tu globo? –preguntó Pooh.
–Toma, Pooh –dijo Christopher Robin, y le dio el globo.
–Gracias –respondió Pooh–, voy a usar este globo para subir flotando hasta un árbol lleno de miel.

–Qué oso más tontorrón –dijo Christopher Robin–. Las abejas no dejarán que te acerques a la miel. Entonces, Pooh se sentó en el barro y comenzó a revolcarse.

–¡Mira! –dijo Pooh–. Así las abejas creerán que soy un nubarrón. Ni siquiera notarán que estoy allí.

Christopher Robin se sentó
para ver lo que sucedía.

Pooh se agarró al globo y subió flotando
hasta el árbol de la miel.

Pooh metió la pata en la colmena y sacó un puñado de miel dorada.
¡ZZZ! ¡ZZZ! ¡ZZZ! Las abejas no creían que Pooh era un nubarrón negro. ¡Creían que era un oso hambriento!

De pronto la cuerda del globo se desató y el aire comenzó a escapar.
Pooh y su globo salieron volando por encima de los árboles.

Al fin, el globo se quedó
sin aire y empezó a bajar.
Pooh también empezó
a bajar.

¡Pooh cayó en brazos de Christopher Robin! Pooh miró las abejas del árbol. Después miró a Christopher Robin.

–¡Ay, madre! –dijo Pooh–. ¡Esto me pasa por ser tan aficionado a la miel!

Los amigos de Pooh

Piglet

es maravilloso

porque es un amigo

al que puedo

abrazar.

Tigger

es maravilloso

porque nunca para de botar y saltar.

Ígor

es maravilloso
porque siempre
te alegra el día.

Conejo

es maravilloso
porque derrocha
simpatía.

Kangu

es maravillosa
porque llena de amor
y cuidados a Rito.

Rito

es maravilloso
porque lo comparte
todo, aunque
sea un poquito.

Búho

es maravilloso
porque sabe
muchos cuentos.

Los **amigos**
son maravillosos
y con ellos pasamos
los mejores momentos.

Busca a tus amigos

Aquí puedes ver a Pooh
con todos sus amigos.
Búscalos en el dibujo
de la página siguiente.

Pooh

Rito

Kangu

Tigger

Piglet

Búho

Conejo

Ígor

casa
de pájaros

lechuga

cubo
de agua

paquetes
de semillas

carretilla

maiz

SEMILLAS
SEMILLAS
SEMILLAS
SEMILLAS
SEMILLAS
ABONO
ABONO

barco

arbusto

colmena

juncos

zapatos

tronco

cometa

tarro de miel

buzón

cuenco

globo

puerta

galletas

CHRISTOPHER
ROBIN
MIEL
TATAS

castillo

baúl de juguetes

libro

dibujos

pelotas

cama

cubos

bate

A
B
C
D
E
F
G
H
I
J
M
X
Y
Z
L
ABC
JUGUETES
Rito

Bb

Cc

Abecedario

A DE ÁRBOL

Bajo un árbol pasa un oso,
¡Oh, qué día tan hermoso!
«Ay, ay, ay, mi cocorota,
Me ha caído una bellota.»

Ee Ff Gg Hh

B DE BUENO

¡Qué bueno y qué sabroso!
Nada hay tan delicado.
La miel es para un oso
Sin duda el mejor
bocado.

Ii Jj Kk Ll Mm

Rr Ss Tt Uu

Aa Bb Cc Dd

C DE CARRETILLA

Ahí viene la carretilla,
¡Corre, corre, que te pilla!
Conejo va de puerta en puerta,
Trae zanahorias
de su huerta.

Nn Ññ Oo Pp Qq

Vv Ww Xx Yy Zz

D DE DÍA

Qué bonito día,
¡Cómo brilla el sol!
Vamos de paseo,
Que ahora hace calor.

Aa Bb Cc Dd

Nn Ññ Oo Pp Qq

Vv Ww Xx Yy Zz

E DE ESPECIAL

Juntos celebraremos
Una fiesta especial.
Un pastel comeremos
Con un amigo genial.

F DE FRÍO

En invierno tengo frío,
Porque ya no luce el sol.
Pero yo siempre me río
Cuando estoy de buen humor.

G DE GENEROSO

Cuando sale a pasear
Un oso suele encontrar
Un vecino generoso
Que le invita a merendar.

H DE HORA

Ya llegó la hora,
Vamos a comer.
Qué rica comida,
¡Ay, qué rica miel!

I DE IMPOSIBLE

Es imposible
Que me pueda caer.
Y si me caigo,
Qué le voy a hacer.

J DE JUEGO

Qué juego tan divertido,
Qué bien lo voy a pasar.
Jugaré con mis amigos,
No pararé de saltar.

Ee Ff Gg Hh

K DE KILO

Piglet pesa muy poco,
Piglet no pesa ni un kilo.
Cuidado con la cometa,
¡No te agarres al hilo!

Ii Jj Kk Ll Mm

Rr Ss Tt Uu

L DE LISTO

El oso se cree muy listo,
Y trepa por la escalera.
Pero las abejas lo han visto,
¡Ya verás la que le espera!

M DE MIEL

Arriesgarse merece la pena,
Por comer un dulce manjar.
Así tendremos en la cena
Rica miel para disfrutar.

N DE NARIZ

Mira qué curioso,
Ahí veo otro oso.
¡Y me muestra feliz
su redonda nariz!

Ee Ff Gg Hh

Ñ DE CARIÑO

Con mucho amor y cariño
Cuida una madre a su niño.
Así cuida Kangu,
la madre de Rito,
A su querido cangurito.

Ii Jj Kk Ll Mm

Rr Ss Tt Uu

O DE ORADOR

Búho es un orador nato,
Es un gran entendido.
Habla, cuenta y relata,
Aunque a veces resulte aburrido.

Ee Ff Gg Hh

P DE PIGLET

Búscame arriba,
Búscame abajo.
Búscame con cuidado
Y me habrás encontrado.

Ii Jj Kk Ll Mm

Rr Ss Tt Uu

Aa Bb Cc Dd

Q DE QUIZÁ

Quizá se levante.
¡Cómo duerme este oso!
Quizá duerma más.
¡Buenos días, perezoso!

Vv Ww Xx Yy Zz

Nn Ññ Oo Pp Qq

Ee Ff Gg Hh

R DE RÁPIDO

Conejo es un experto
En coger zanahorias del huerto.
Rápido las recogerá
Y con sus amigos las compartirá.

Ii Jj Kk Ll Mm

Rr Ss Tt Uu

S DE SUBIR

Sube y baja,
Baja y sube.
No pararemos
Hasta alcanzar esa nube.

Ee Ff Gg Hh

T DE TIGGER

Nada le detiene,
Haga sol o truene.
Tigger salta decidido,
Es su deporte preferido.

Ii Jj Kk Ll Mm

Rr Ss Tt Uu

U DE ÚTIL

Es muy útil un paraguas,
Cuando quiero navegar.
Qué bien me lo estoy pasando,
Qué bien lo voy a pasar.

Ee Ff Gg Hh

Ii Jj Kk Ll Mm

Rr Ss Tt Uu

V DE VESTIDO

Qué guapo y qué calentito
Se ha vestido este cerdito.
No quiere estar resfriado
Ni coger un constipado.

Ee Ff Gg Hh

W DE WINNIE

¡Qué pesadillas!
Winnie está asustado,
(pero) con unas cosquillas
Todo habrá terminado.

Ii Jj Kk Ll Mm

Rr Ss Tt Uu

X DE XILÓFONO

Winnie toca el xilófono,
La música es su pasión.
No hay cosa más hermosa
Que una melodía graciosa.

Ee Ff Gg Hh

Y DE YO

Yo bostezo,
Yo me estiro,
Yo me duermo
En un suspiro.

Ii Jj Kk Ll Mm

Rr Ss Tt Uu

Aa Bb Cc Dd

Z DE ZZZZ

Pooh está
muy cansado,
Pooh quiere dormir.
Un ojo tiene cerrado
Y el otro no lo puede abrir.

Vv Ww Xx Yy Zz

Nn Ññ Oo Pp Qq

Ee Ff Gg Hh

A B C D E

F G H I J K

L M N Ñ O

P Q R S T U

V W X Y Z

Ii Jj Kk Ll Mm

Rr Ss Tt Uu

Números

1 **Una** mariposa
vuela
por el cielo.

2 **Dos** grandes bellotas,
Qué rico pastel huelo.

3
Tres

tarros
de miel.
Para un oso
goloso.

4
Cuatro

sacos
de zanahorias.
Son algo
delicioso.

5 Cinco pelotas
de colores brillantes.

6
Seis
cometas
con sus colas
flamantes.

7

Siete

flores preciosas
en un pequeño
jarro.

8

Ocho

libros
de cuentos
trae Búho
en un carro.

9

nueve

globos
azules y colorados.

10 Los **diez** amigos
están invitados.

Colores

Había cinco tarros de miel en el estante,

Pooh cogió el
amarillo
y dijo:
«¡Con éste tengo
bastante!»

Había cuatro tarros de miel,

Pooh cogió el
rojo.
¡Lo quería todo
para él!

Había tres tarros de miel en fila,

Pooh se comió el **morado.**
Mira cómo Piglet le vigila.

Qué ricos tarros de miel.

Pooh cogió el verde
sólo para él.

Un tarro de miel,

el **azul,** queda
en el estante.
«¡Vaya!», dice Pooh.
«¡No creo que alcance!»

¡Amarillo, rojo, morado, verde, azul!

«¡Qué rica miel!»,
exclamó Pooh muy contento.
Y aquí se acaba este cuento.

Formas

El cumpleaños de Winnie celebraremos,
y juntos las formas aprenderemos.

Tigger trae una pelota,
¡mira, mira cómo bota!

cuadrado

El regalo de Ígor es azul y cuadrado:
estos bloques nos han encantado.

Conejo trae un bonito mantel.
Será un buen regalo para él.

Búho ha traído una cometa,
el viento sopla y no se está quieta.

Christopher Robin es su amigo leal,
con este velero lo pasaremos genial.

Una tarjeta con forma de corazoncito,
dedicada con amor por su amigo Rito.

Un globo rosa precioso,
¡será el favorito de este oso!

estrella

¡Qué noche tan bella!
Pooh señala una estrella.
Cualquier deseo se hará realidad,
gracias a nuestra hermosa amistad.

Los contrarios

Piglet es pequeño.
Casi parece
un guisante.

Tigger es grande.
A su lado parece
un gigante.

Arriba
está Tigger, que salta
de mata en mata.

Pooh desde **abajo,**
saluda con una pata.

Con toda esta lluvia,
Ígor está muy **mojado.**

Rito sigue **seco,**
su madre se ha preparado.

A Pooh le gusta la miel,
que es suave
y deliciosa.

Para Ígor un cardo
áspero
es la cosa más sabrosa.

Lo que más le gusta
a Piglet es un día
soleado.

Pooh también se divierte
cuando el día está
nublado.

Ígor está triste,
le invade la pena.

Pooh está contento
porque ya
huele la cena.

Tigger salta por
encima
de cualquier cosa.

Conejo vive
debajo.
Su madriguera
es preciosa.

Búho está lejos,
volando por el cielo.

Pooh está
cerca,
con los pies en el suelo.

Todos los amigos tienen algo diferente,
ya se sabe.

Pero el amor que les une
es **idéntico,**
y ésa es la clave.

Los sentidos

Vista

Winnie the Pooh tiene dos ojos redondos.

Pooh ve con los ojos.

Amarilla y negra, peluda y veloz,
Pooh ve una abeja.

Oído

Pooh tiene dos orejas suaves.

Pooh oye con sus orejas.

¡Buzz! ¡Buzz!

Pooh oye a la abeja.

Olfato

Pooh tiene
una nariz justo
en medio
de la cara.

Pooh huele con la nariz.

¡Snif,
snif!

Pooh huele
su golosina favorita.

Tacto

Pooh tiene dos
patas peludas.

Pooh toca con sus patas.

Pooh toca
el árbol de la miel.
El árbol tiene
un tacto rugoso
y áspero.

Gusto

Pooh tiene una lengua rosa.
Con su lengua **saborea**
su comida preferida.

¡Mmm!

¡Pooh **saborea** la rica miel!

Los sentimientos

¡Ja, ja, ja!

Cuando Pooh está con sus amigos,
se siente alegre.

¡Jo, jo, jo!

Cuando Tigger se siente **gracioso.**
bota como una pelota.

Shh. . . .

A veces, cuando sus amigos
hacen mucho ruido,
Pliget se siente **tímido.**

¡Oh, no!

Rito se **asusta** cuando ve sombras en la pared de su habitación.

Conejo se **enfada** cuando ve que alguien ha entrado en su jardín.

¡Ay, madre!

Ígor está **triste** porque él es así.

¡Vaya! ¿Hmm?

Búho se **extraña** cuando acaba
una historia muy larga, muy larga,
y ve que Pooh se ha quedado dormido.

¡Viva!

Pooh se pone **nervioso** cuando
encuentra un nuevo panal de miel.

Lo mejor de todo

Los amigos del Bosque de los Cien Acres se sienten queridos por Christopher Robin.

Un día con Pooh

La hora de levantarse

El sol sale despacio,
Pooh hace su cama,
con un poco de ejercicio,
comienza la mañana.

La hora de jugar

A media mañana
Pooh sale a jugar.
El columpio de la rama,
es el mejor lugar.

La hora de comer

Como cada mediodía,
Pooh toma su miel.
Dulce melodía,
como un cascabel.

La hora de divertirse

Después de comer su miel,
Pooh se divierte un rato.
Hace flores con papel
y figuritas de trapo.

La hora de la siesta

Por la tarde le entra sueño.
Nada hay mejor en el mundo,
para este oso pequeño,
que un descanso muy profundo.

La hora de la cena

Pooh prepara la cena.
Hoy estrena mantel.
La ocasión vale la pena,
¡un rico tarro de miel!

La hora de los cuentos

Antes de que el sol se vaya,
lee un cuento en su sillón.
Magos y encantamientos,
una princesa y un dragón.

La hora del baño

Con jabón y agua caliente,
prepara un baño espumoso.
Por eso dice la gente:
¡qué limpio es este oso!

La hora de dormir

El cielo se llena de estrellas,
Pooh soñará cosas bellas.
Y las ovejas con su balidos,
acallarán sus ronquidos.

Pooh queda atrapado

–Qué pena –dijo Pooh–. Siento un cosquilleo en la barriga, pero ya no me queda miel.

El oso Pooh salió para visitar a su buen amigo Conejo, que siempre tenía miel en casa.

–Llegas a tiempo
para comer –dijo
Conejo.

Pooh se sentó
a la mesa y comió…

Y comió…

Y comió
todavía más.

–Gracias por la miel –dijo Pooh al final, con una voz un tanto pegajosa.

Pero cuando quiso salir, su barriga grande y redonda se lo impidió.

Conejo empujaba, pinchaba y empujaba, pero Pooh no se movía.

–Tengo que buscar a Christopher Robin –exclamó Conejo, y salió por la puerta trasera.

–Qué oso más tontorrón –dijo Christopher Robin.

Él y Conejo comenzaron a tirar y empujar, pero Pooh seguía atascado.

–Sólo queda una solución –dijo Christopher Robin–. Hay que esperar hasta que adelgaces otra vez.

De modo que esperaron.

Cuando Ígor vio lo que había sucedido, dijo:
–Esto puede durar días. O semanas..., quizá meses.
–Qué lata –respondió Pooh.
Conejo opinaba igual.
Aquella noche Topo visitó a Pooh, que estaba hambriento.
–Es hora de tomar un tentempié –exclamó Topo–. ¿Quieres un poco, Pooh?

CASA
DE CONEJO

Conejo apareció justo a tiempo.
–¡No! –exclamó–. ¡No hay que dar a Pooh ni una gota de miel!
Entonces colocó un cartel que decía:

NO DEN COMIDA AL OSO

Pasó el tiempo, pero Pooh seguía atascado. Entonces, un día sucedió algo; Pooh se movió, pero sólo un poquito.

CASA
DE CONEJO

Los amigos de Pooh se reunieron a su alrededor para ayudarle a salir. Tiraron y empujaron, y tiraron un poquito más…

¡Plop! Pooh salió volando
de la puerta de Conejo
y se estrelló contra un árbol
hueco.
–Se atascó otra vez –dijo Ígor.
–No te preocupes –gritó
Christopher Robin a Pooh–.
Te sacaremos en seguida
de ese árbol.

Pooh no tenía ninguna prisa. Había miel sobre su cabeza, miel por debajo y miel por todas partes.

–Sin prisa, Christopher Robin –gritó Pooh–. ¡No tengo ninguna prisa!

Nanas para dormir

Un amigo viene a dormir

El pobre Piglet no podía dormir,
así que Pooh comenzó a cantar:

Din, don,
Din, don, dan,
Campanitas sonarán.
Din, don,
Din, don, dan,
Que a los niños dormirán.
Din, don,
Din, don, dan,
Campanitas sonarán,
Las estrellas brillarán
Y a los niños velarán.
Din, don,
Din, don, dan,
Cierra los ojos y duérmete ya,
Porque la noche
Muy pronto vendrá.

–¿Quieres cantar conmigo esta vez, Piglet?
Pero Piglet ya se había dormido.

La hora del baño

Plop, plop,
glub, glub,
Piglet y Pooh ya nos esperan.
Mira a ver de qué manera
Cabemos todos en la bañera.

Pum, pum.
¿Quién es?
Mira a ver de qué manera
Entran Ígor y Tigger en la bañera.

Pum, pum.
¿Quién es?
Mira a ver de qué manera
Saltan Kangu y Rito a la bañera.

Pum, pum.
¿Quién es?
Mira a ver de qué manera
Conejo se tira a la bañera.

Piglet, Pooh, Kangu y Rito,
Ya están todos bien limpitos.
Conejo y Tigger también se bañan,
Fíjate qué bien se apañan.

Parece una fiesta
¿Saldremos de ésta?
Mira a ver de qué manera
Caben todos en la bañera.

La hora de los cuentos

Me lavo los dientes,
Me lavo la cara,
Me pongo corriendo el pijama.
Me acuesto sonriente
¡Ya estoy impaciente!
Un cuento voy a escuchar.

Surcaremos los mares
Sin salir de la cama.
Mataré tres dragones
Sin quitarme el pijama.

Seré un duende pequeño,
Encantador de serpientes.
Y me despido entre sueños
Hasta el día siguiente.

Dulces sueños

Tengo manta y almohada,
Un gorro y un pijama.
Ya no me falta nada
Para meterme en la cama.

No tardo en acostarme,
Y qué pronto me he dormido,
Pero ¡ay!, al despertarme
Algo extraño ha sucedido.

Dónde está la miel,
¿Quién se la ha comido?
Ayer tenía tres tarros
Y hoy están vacíos.

La hora de saltar

Tigger tiene un secreto
Que jamás nos ha contado:

Y es que no se está quieto
Cuando todos se han acostado.

Salta arriba, salta abajo,
Su cama es un trampolín.

Salta a un lado, salta al otro,
Se mueve como un balancín.

Salta, brinca, bota y rebota.
Casi parece un balón.

Subе, baja, sopla y resopla,
Siempre con esta canción.

En la oscuridad

Cric, cric, croc, croc.
Cras, pum, plas, plom.
¿Qué es ese ruido?
¿Qué ha sido eso?
Será un monstruo,
será un ratón.

Tiqui-tiqui, tiqui-toc,
Algo me mira desde la esquina.
Pliqui-pliqui, pliqui-ploc,
Algo se mueve en un rincón.
Será un monstruo, será un ratón.

Vaya chasco, vaya guasa,
El monstruo feo que me asustó,
Al dar las luces de la casa
En ropa sucia se transformó.
No era un monstruo, no era un ratón.

Nana

Duérmete mi niño,
Mi dulce cangurito.
Estás a salvo en mi bolsa
Y yo estoy aquí contigo.
Pronto crecerás
Y de mí te alejarás.
Yo te veré crecer,
Te dejaré de proteger.
Pero ahora mi niño,
Mi dulce cangurito,
Estás a salvo en mi bolsa
Y yo estoy aquí contigo.

Dulces sueños, Bebé